I0429376

Erfolgreich Schuhe kaufen

Der ultimative Ratgeber für die schuhkaufende Frau

Claudia

Inhaltsverzeichnis

Vorwort

»You can´t buy happiness, but you can buy shoes.«

Viele Frauen haben einen Schuhtick. Ihr Blick geht oft ganz automatisch Richtung Schaufenster eines Schuhgeschäftes, selbst dann wenn sie den attraktivsten Mann an ihrer Seite haben.

Ein Paar neue Schuhe! Das ist oft das kleine Glück des Tages und in manchen Fällen sogar das große Glück, nämlich dann, wenn es Frau gelungen ist das richtige Traumpaar zu finden, welches auch noch wie angegossen passt. Regelmäßiges Shoppen ist eines meiner Lieblingsbeschäftigungen und dennoch ertappe ich mich selbst dabei, bestimmte Fehler zu wiederholen, als gäbe es eine Art Schuhteufel, der dafür sorgt, dass ich immer wieder genau die falschen Schuhe kaufe.

Damit das nicht passiert und der Einkauf nicht zu Frust und Ernüchterung führt habe ich mich entschlossen diesen kleinen Einkaufsführer zum gelungenen Schuh-Einkauf zu schreiben. Zum einen habe ich meine eigenen Erfahrungen (und Fehler!) einfließen lassen, zum anderen aber auch die Erfahrungen anderer, denn wir Frauen neigen oft dazu, dieselben Fehler zu machen.

Deutsche Frauen geben im Durchschnitt jährlich 109 Euro für Schuhe aus. Bezogen auf das Jahresbudget einer Durchschnittsfamilie ist das eigentlich nicht so wahnsinnig viel oder? Also da geht sicher noch was! Entscheidend ist aber, dass Frau weiß, worauf sie beim Schuhkauf zu achten hat. Und genau darum soll es in diesem Ratgeber gehen. Wie vermeide ich Fehlkäufe bei Schuhen? Los geht's!

1.Raus aus den alten Schuhen!

Wer von uns kennt das nicht? Sie stehen vor dem Schuhschrank oder dem Schuhregal und rümpfen die Nase. Schon die Entscheidung, welche Schuhe Sie für den geplanten Neu-Einkauf anziehen wollen bringt Sie ins Schleudern. Kein Wunder, denn Ihr Schuhregal ist womöglich eine Ansammlung von längst ausgetragenen Modellen, Erbstücken, früheren Fehlkäufen und Schuhen der Marke „Solala"! Also raus damit!

Jedes Mal, wenn Sie Ihren Schuhschrank öffnen sollte sich ein kleines Glücksgefühl bei Ihnen einstellen. Es sollten sich nur Schuhe darin befinden, die Sie gerne tragen. Lieber nur 10 ausgewählte Paare, bei deren Anblick sich ein Lächeln auf Ihren Lippen zaubert, als 25 Paare, die Sie zum Verzweifeln bringen.

Es ist also an der Zeit, sich von den Schuhen zu trennen, die ihnen keine Freude mehr bringen. Sprich, von denen, die Sie nicht mehr tragen. Eine wichtige Regel besagt das alles, was Sie in den letzten 365 Tagen nicht mehr getragen haben auch nicht mehr in Ihr Schuhregal gehört!

Dies ist vielleicht eine radikale Regel aber sie wird ihnen wirklich weiter helfen. Wenn Sie ein Paar Schuhe ein Jahr lang nicht mehr angerührt haben, gibt es dafür sicherlich einen guten Grund, oder?

Also zögern Sie nicht lange. Bringen Sie diese zur Altkleidersammlung oder verschenken Sie sie. Noch besser ist es, sie einfach in den Mülleimer zu werfen. Warum? Auf diese Weise entledigen Sie sich von Dingen, die Sie nicht benutzen und die Ihnen nicht gut tun.

Ab jetzt steht in Ihrem Schuhregal also nur noch eines: Qualität und Freude!

Dafür muss das Alte allerdings erst weg und ich empfehle Ihnen dringend, dies zu tun bevor Sie sich auf den Weg machen um das nächste Paar zu kaufen. Denn wenn zuhause nur das steht, was Sie gerne anziehen und sich gut anfühlt, ist die Wahrscheinlichkeit auch höher, dass das neue Paar, das Sie kaufen werden, Ihnen genauso viel Freude bereiten wird.

Es gibt nichts Schlimmeres als ein neues Top-Paar neben einem Erbstück Ihrer Großmutter, das Sie noch nicht mal mit der Zange anrühren würden, zu stellen. Haben Sie noch irgendwelche Souvenirs einer längst vergessenen Urlaubsreise, die Sie seitdem nicht mehr getragen haben? Alte Stiefel oder völlig verschlissene Flachtreter?

Misten Sie aus und putzen Sie das Schuhregal gründlich. Entfernen Sie auch allen unnötigen Krimskrams wie Handschuhe, Mützen, Sandaletten und alte Schuhbürsten. Das gehören ab jetzt alles nicht mehr an diesem Ort.

In Ihrem Schuhregal wird von nun an nur noch das Beste vom besten stehen und jedes Mal, wenn Sie hineinblicken sollte Ihr Herz ein wenig höher schlagen!

Wurde einmal Ordnung und Platz im Schuhschrank geschaffen, dann ist auch der Augenblick gekommen, in dem Sie getrost einiges aus dem „Haushaltsbudget" für eine neue Eroberung entnehmen können.

Wenn Sie nun noch einige Tipps, die ich Ihnen gleich verraten werde, beachten, dann vermeiden Sie Fehlkäufe und auch die bekannten Frustkäufe. Bald schmückt Ihre neue Schuh-Eroberung Ihre Schatzkammer, die an Wert gewinnen wird, als hätten Sie eine erstklassige Aktie gekauft, die Ihnen zu regelmäßigen Zeiten eine üppige Selbstwert-Dividende ausschüttet.

2. Sie sind die Queen!

Beim Schuheinkauf ergeht es uns leider allzu oft wie mit den Männern: wir Ladies verlieben uns leider nur zu gern in den Falschen. Die Ursachen sind dabei oft genauso unterschiedlich wie die in der Liebe.

Fangen Sie also ruhig ganz oben an. Stöbern Sie durch die Luxus-Läden in der Innenstadt oder in der neuen Edel-Einkaufspassage und holen Sie sich dort die neuesten Schuh-Inspirationen.

Auch wenn das Budget die rote Schuhsole von Christian Louboutin, von denen Kim Kardashian bekanntlich mehr als 100 Paare besitzt, nicht zulässt, schauen Sie sie trotzdem an oder probieren Sie diese einfach. Niemand zwingt Sie zu kaufen.

Warum nicht mal die Black Diamond Pumps von Louis Vuitton, die 780,00 Euro kosten, ausprobieren? Ja, ich meine diese großartige Pumps aus Kalbslackleder, die nach vorne spitz zulaufen und deren geschwungener Absatz mit Swarovski Edelsteinen besetzt ist. Genau diese.

Gönnen Sie sich diesem Spaß! Denken Sie dabei erst einmal nicht an das Geld denn es geht einfach darum, dass Sie sich selbst in eine freudige Stimmung versetzen. Lassen Sie das Gefühl zu, dass Ihnen alles Schöne dieser Welt zusteht.

Befinden Sie sich erst einmal in einer Hochstimmung ist die Chance, dass Sie Fehlkäufe aus Frust tätigen werden, einfach geringer. Sie sind die Queen!

Wenn es möglich ist, ziehen Sie für diese erste Sondierungsrunde einfach das Kleid oder den Anzug an, zu dem das passende Paar gekauft werden soll. Vielleicht haben Sie ein modisches Kostüm, das Ihnen wie angegossen sitzt. Im Sommer kann es natürlich ein Kleid mit dezenten Blumen-Motiven sein, das Sie unwiderstehlich macht. Hauptsache, Sie tragen das, wofür das passende Paar Schuhe fehlt und hoffentlich fühlen Sie sich super wohl darin.

Es geht natürlich nicht nur um den Stil des Schuhs. Auch Farbe und Schnitt müssen zu Ihrer Figur und Ihrem Kleidungs-Stil passen.

3. Ziehen Sie alleine los!

Wenn Sie Ihre erste Sondierungsrunde hinter sich haben, gönnen Sie sich eine kleine Mittagspause. Wie wäre es mit einem kleinen Salat oder einem Quiche?

Vielleicht treffen Sie sich mit einer Freundin und können ihr von ihren Entdeckungen in den Edel-Boutiquen vorschwärmen. Wichtig ist allerdings, dass ihre Freundin Ihnen den Spaß nicht mit unnötigen Sätzen wie „aber das kannst du dir doch nicht leisten!" verdirbt.

Ihre Freundin sollte genauso begeisterungsfähig sein können wie Sie. Wer weiß, vielleicht können Sie sie mit Ihrer Begeisterung sogar anstecken? Entscheidend ist aber, dass Ihnen niemand den Elan nimmt, den Sie gerade haben. Spaßverderber gibt es genug auf dieser Welt und die können Sie jetzt gar nicht gebrauchen.

Die ideale Tageszeit für den Schuhkauf ist der Nachmittag oder der Abend. Die Füße schwellen im Laufe des Tages immer etwas an. Sie haben durch die Bewegung einen großen Teil Ihres Tageswerks hinter sich und sind dann optimal durchblutet. Wenn Sie morgens Schuhe kaufen riskieren Sie, dass sie sich am Abend wundern, warum sie plötzlich drücken.

Wenn Sie aber Lederschuhe kaufen (durchaus empfehlenswert) rate ich Ihnen dennoch morgens zu gehen. Leder dehnt sich bei Wärme und Beanspruchung noch etwas aus. Die Gefahr besteht durchaus, dass sie, wenn Sie diese abends kaufen, am nächsten Morgen zu groß sein könnten.

Abendschuhe kauft man also am besten abends. Wollen Sie Schuhe aus Leder, die Sie durch den Tag tragen, sollten Sie diese besser morgens kaufen.

Bevor Sie also losziehen (ich weiß, Sie können es kaum erwarten!) noch ein Wort zur Freundin. Bekanntlich haben Freundinnen oft den gleichen Geschmack, was dazu führen kann, dass sie dieselben Sachen anziehen oder kaufen. Bei aller gemeinsamen Begeisterung, versuchen Sie dennoch nicht dem Stil Ihrer Freundin nachzueifern. Natürlich wird sie ihnen Tipps geben und womöglich von ihren eigenen Entdeckungen schwärmen. Das ist alles schön und gut und vielleicht ist der eine oder andere Tipp auch wertvoll.

Machen Sie aber trotzdem nicht den Fehler mit Ihrer Freundin zusammen Schuhe kaufen zu gehen. Der Grund ist folgender: egal wie gut es Ihre Herzensfreundin mit Ihnen meint, sie wird Sie beeinflussen. Und Sie werden auf Ihre Meinung hören. Diese Meinung kann unter Umständen „richtig sein". Es geht trotzdem darum, dass Sie in Ihrem Geschmack und Ihrem Stil völlig zu sich finden. Sie sollten ein Gefühl dafür bekommen, was stimmig ist für Sie. Was andere davon halten ist völlig unerheblich.

Die Meinung anderer wird Sie immer bewusst oder unbewusst beeinflussen. Es ist daher wichtig, dass Sie frei von allem zu einem eigenen Urteil kommen.

Gehen Sie also allein los, auch wenn Sie sich vielleicht unsicher fühlen und Ihnen die Angst vor einem Fehlkauf im Nacken sitzt.

Wenn Sie das Schuhpaar Ihrer Wahl kaufen, dann ist dies Ihre Entscheidung und diese ist richtig. Preis oder Grad der Extravaganz sind dabei völlig unwichtig. Hauptsache Sie fühlen sich wohl in diesem Modell.

Außerdem tut es Ihnen gut, wenn Sie allein auf Eroberungstour gehen. Fühlen Sie sich frei und nehmen Sie sich Zeit für sich. Und sollten Sie das erwünschte Paar für Ihre Schatzkammer nicht gleich finden, verzweifeln Sie bitte nicht gleich. Fast jedes drittes Geschäft in den Einkaufszentren oder Fußgängerzonen ist ein Schuhgeschäft. Es gibt wahrlich kein Mangel an Schuhen auf dieser Welt! Sie sollten es sich wert sein nur diese Schuhe zu kaufen, die Ihre Schatzkammer auch bereichern.

Widerstehen Sie also der Versuchung überschnell Schuhe zu kaufen (ich weiß, das ist schwer).

Die meisten Fehlkäufe sind Folge eines Frustkaufs. Deswegen ist die richtige Stimmung für den erfolgreichen Schuh-Einkauf so wichtig. Kaufen aus Frust oder Ärger sorgt dafür, dass garantiert das falsche Paar in Ihrer Schatzkammer landet. Und das wollen Sie doch sicher vermeiden, oder?

Tipps von Freundinnen (oder Modemagazinen, die entsprechend heißen) sind meistens nicht dazu geeignet, dass Sie das richtige Paar kaufen. Deswegen ziehen sie lieber alleine los und genießen es!

4. Kaufen Sie Qualität

„Billige Ware muss man sich leisten können", pflegte meine Mutter zu sagen. Ich habe über diesen Satz öfter in meinem Leben nachdenken müssen. Als ich jung war hat mich der Spruch natürlich genervt. Aber je älter ich werde, desto mehr gebe ich ihr recht und vermeide, soweit ich kann, geringe Qualität beim Einkauf von Schuhen oder Kleidern. Es lohnt sich einfach nicht, auch wenn man auf den ersten Blick das Gefühl hat, im Schuhgeschäft ein Schnäppchen geschlagen zu haben.

Bezüglich der Qualität beim Schuhkauf können wir Ladies im Übrigen einiges von den Männern lernen. Das glauben Sie nicht? Laut einer Studie der IHF Köln gaben 20 Prozent der befragten

Männer an, ihre Schuhe in erster Linie nach der Qualität auszuwählen. Bei den Damen wählten lediglich 17,5 % Qualität als wichtigstes Kriterium. Hallo?

Und natürlich – wen wundert es – entscheidet vor allem modische Aktualität über den Schuhkauf bei Frauen, während Männer hier bekanntlich viel weniger zu ködern sind. Männer kaufen Marken.

Es ist aber unbestritten, dass Schuhe guter Qualität nach fünf, zehn oder mehr Jahren immer noch gut aussehen. Schuhe von geringer Qualität hingegen sind oft schon nach wenigen Monaten nicht mehr tragbar. Die Nähte Reißen auf, die Sohle ist schnell abgelaufen und das Leder ist ausgebeult. Kein freudiger Anblick!

Achten Sie beim Kauf also vor allem auf das Material. Es lohnt sich meistens, sich für hochwertige Lederschuhe zu entscheiden. Leder passt sich optimal an den Fuß an und erhöht das Tragegefühl. Vermeiden Sie Schuhe aus günstigem, unechtem Glattleder. Dies trifft bei Damenschuhen natürlich sehr häufig bei Modellen in knalligen Farben auf. Diese Art Schuhe sehen dann meistens auch wie Plastik aus und gehen außerdem schneller kaputt.

Schauen Sie auch, ob das Innenfutter aus atmungsaktiven Stoffen wie Leder oder Baumwolle besteht. Diese Materialien nehmen die Feuchtigkeit besser auf als Gummi, Kunstleder oder synthetische Stoffe. Der Spruch „Man schwitzt an den Füßen so stark, dass schnell ein kleines Schnapsglas voll ist", kommt nicht von ungefähr!

Sollte das Budget es nicht zulassen, echtes Leder zu kaufen, sind Velourleder-Imitate meistens eine gute Alternative. Diese Schuhe können Sie bekanntlich immer mit einer Zahnbürste reinigen.

5. Sind sie bequem?

Es scheint fast überflüssig zu sein, dem Thema Bequemlichkeit und Schuhen ein eigenes Kapitel zu widmen. Dennoch gibt es bei uns Frauen kaum ein Kriterium gegen das mehr verstoßen wird als dieses: Ist mein neues Paar Schuhe auch eine Wohltat für meine Füße?

Auch hier können wir wieder von den Männern lernen (jawohl!). Wir Ladies lassen uns viel zu oft von rein optischen und leider auch preislichen Kriterien beim Schuhkauf leiten.

Männer sind da schon wählerischer. Ob es die richtige Passform ist und der Schuh auch bequem sitzt interessiert uns oft nicht, solange wir das Traumpaar mit nach Hause nehmen können. Keinem Mann würde es in den Sinn kommen, unbequeme Schuhe zu kaufen.

Unbequeme Schuhe können überdies zur Bildung von Blasen, Quetschungen, Hornhaut und Hühneraugen führen. Auch die Zehennägel können einwachsen. Im Laufe der Jahre können durch Überbelastung sämtliche Knochen am Fuß verformen. Sie haben bestimmt schon mal von Hammerzehen oder von Hallux valgus gehört. Hierbei handelt es sich um die große Zehe, die schief wachsen kann.

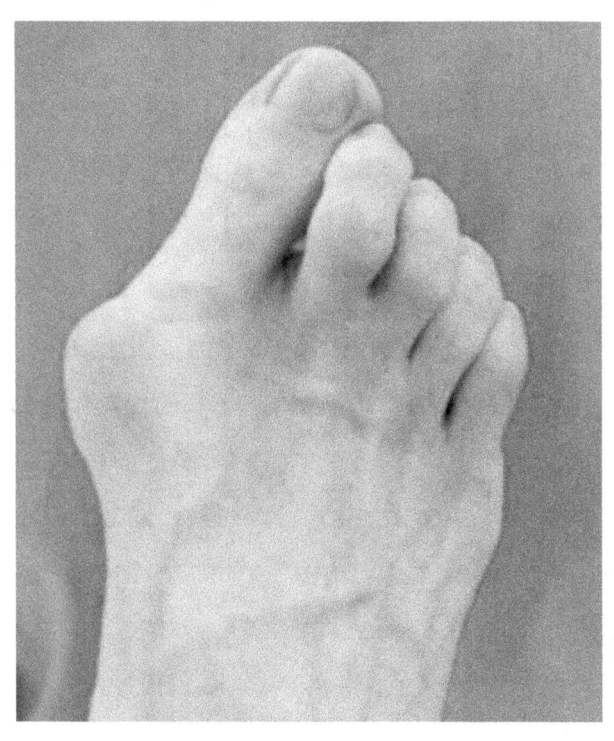

Bild: Hallux valgus

Allein schon aus den genannten Gründen sollte beim Schuhkauf nicht die Marke oder der modische Aspekt ganz vorne stehen (keine Sorge: ich finde modische Schuhe auch toll!), sondern die Frage ob der Schuh wirklich gut sitzt. Deswegen ist es ratsam, den Schuhkauf auf den richtigen Zeitpunkt am Tag zu verlegen.

Unsere Füße tragen uns durch den ganzen Tag ohne das wir uns darüber viel Gedanken zu machen scheinen. Sie sitzen stundenlang in engen Schuhen, welche nicht immer aus den besten Materialien gefertigt sind. Viele Menschen leiden außerdem an Schweißfüßen.

In den langen Winter-Monaten kommen unsere Füße zudem kaum an die frische Luft. Kein Wunder also, dass es um unsere Füße nicht immer gut bestellt ist.

Es ist leider so, dass wir Frauen vor lauter Aufregung, endlich unsere

Traumschuhe gefunden zu haben, dazu neigen, diese Schuhe schnell schön zu reden. Wenn sie nicht passen, oder wenn Ihre Größe nicht vorhanden ist, sollten Sie sie einfach nicht kaufen. Aber diese schlichte Regel des gesunden Menschenverstands scheint bei uns genau in diesem Moment nicht zu greifen, als wäre nur unser Reptiliengehirn im Einsatz. Und dieser Teil ist bekanntlich am ehesten manipulierbar.

Lassen Sie sich also Zeit im Schuhgeschäft. Oft ist es ratsam, nicht gleich zu kaufen, sondern das Geschäft wieder zu verlassen und erst einen Kaffee trinken zu gehen. Will ich diese Schuhe wirklich kaufen? Auch, wenn sie mir ein bisschen wehtun und eigentlich nicht passen?

Auf jeden Fall empfiehlt es sich, immer beide Schuhe anzuprobieren. Ihre Aufmerksamkeit sollte dabei an erster Stelle der Passform des linken Schuhs gelten. Der Grund ist folgender: bei vielen Menschen ist durch die Pumpleistung des Herzens auf der linken Körperseite der linke Fuß etwas dicker als der rechte. Normalerweise fällt dieser kleine Unterschied kaum auf. Aber sobald Sie Schuhe anprobieren, kann es sein, dass der linke Fuß nicht gut in den Schuh geht, obwohl der rechte perfekt sitzt.

Tragen Sie die Schuhe eine Weile und fragen Sie sich dann: passen diese wirklich oder bilde ich mir das nur ein? Neue Schuhe sollten nicht drücken. Sie sollten auch nirgendwo einschneiden. Haben Sie ein ungutes Gefühl, dann lassen Sie die Schuhe lieber stehen.

Verlieben ist gut, Begeisterung ist toll; dennoch sollte Ihnen das Paar passen.

Vergessen Sie nicht, dass wir Frauen schnell schlechte Laune bekommen können, wenn Schuhe nicht gut passen. Selbst wenn Sie sicher sind, dass Sie immer dieselbe Schuhgröße tragen, sollten Sie sich Zeit nehmen und in den Schuhen ein paar Schritte gehen.

Die Konsequenzen kennen Sie sicherlich. Der neue Zugewinn kann noch so toll aussehen, getragen wird er selten bis nie wenn er unbequem ist.

„Das Leder wird sich weiten", sagen wir uns oder, „Die laufen sich ein." Nichts ist leider weniger wahr als das.

Pumps

Wenn Sie Pumps kaufen wollen achten Sie darauf, dass Sie genügend Halt haben und Ihr Fuß hinten nicht herausrutscht. Die Folge ist meistens, dass Ihr ganzes Gewicht nach vorne rutscht. Dadurch bekommen die Zehen unnötig Druck, was zu Krämpfen führen kann. Wenn die Pumps nicht gut sitzen können Fersenpolster Abhilfe schaffen.

Es gibt Polstereinlagen für jeden Teil des Fußes. Falls der Schuh nicht wirklich gut passt, bekommt er so dank eines Polsters eine zweite Chance. Lassen Sie sich möglichst gut beraten von den Fachverkäuferinnen und nehmen Sie sich Zeit, verschiedene Einlagen zu testen. Keine Sorge, die Polster werden in den Schuh hinein geklebt und bleiben unsichtbar. Manchmal ist es der Fußballen der Unterstützung braucht, auch dafür gibt es extra Einlagen.

Flache Schuhe

Bei flachen Schuhen sollten Sie besonders auf den Spann achtgeben. Wenn der Spann keinen Halt bietet, kann es durchaus sein, dass Ihr Schuh immer wieder verrutscht. Ihre Füße werden dies unbewusst zu korrigieren versuchen. Die Folge ist, dass sich dies irgendwann als Schmerz bemerkbar macht. Hier hilft oft schon eine einfache Sohle. Wenn der Schuh mit einer Sohle immer noch nicht gut sitzt, sollten Sie ihn auf keinen Fall kaufen.

Ist der Schuh zu weit sollte er durch einen schmaleren Schuh ersetzt werden und nicht durch einen kürzeren. Wenn wir Schuhe kaufen suchen wir sie in der Regel nach der Länge aus. Wir sagen z. B.: ich habe Größe 38. Wenn wir die Schuhe dann anprobieren, stellen wir dann trotz richtig gewählte Länge oft fest, dass sie zu eng oder zu weit ausfallen. Leider suchen wir Schuhe nicht nach der Schuhweite aus, obwohl diese von genauso großer Bedeutung ist als die Länge.

Kauft man den Schuh zu weit ist er meistens auch zu kurz. Dies ist natürlich genauso schädlich für unsere Füße. Es ist dabei unerheblich ob die Spitze schlank zuläuft oder breit ist. Menschen mit schmalen Füßen kaufen oft kürzere Schuhe. Die meisten Schuhe sind Ihnen zu weit oder zu groß. Dabei wäre es besser, sie würden längere aber engere Schuhe kaufen.

Mit oder ohne Strümpfe probieren?

Dies ist ein spezielles Thema. Wenn Sie vorhaben die Schuhe barfuß zu tragen, sollten Sie diese auch so testen. Tragen Sie meistens feine Strümpfe, sorgen Sie dafür dass sie welche dabei haben oder tragen.

Unsere Füße sind natürlich am meisten gefährdet, wenn wir Schuhe barfuß tragen. Jeder hat schon mal Blasen an den Füßen gehabt. Leider passiert es auch häufig, dass das Material in die Haut einschneidet. Das ist insbesondere bei Riemchen der Fall, vor allem wenn Sie nicht aus echtem Leder sind.

Die Zehen

Ein letztes aber nicht unwichtiges Wort gilt unseren Zehen. Wenn sie die Schuhe anprobieren, sollten diese beim Abrollen ausreichend Platz haben. Es gibt kaum etwas Schlimmeres als Zehen, die tagein tagaus in einem zu engen Schuh zusammengequetscht werden.

Ein Schuh passt erst dann wirklich, wenn vor den Zehen noch etwa eine Daumenbreite Platz ist. Die Fachleute nennen dies die Zugabe. Die Zehen schieben sich beim Abrollen nach vorne und brauchen dafür genügend Platz. Ist dies nicht der Fall, werden die Zehen bei jedem Schritt gestaucht. Die meisten Fußschäden sind eine Folge des Nichtbeachtens dieser Regel.

Unbequeme Schuhe sind leider auch eine der wichtigsten Ursachen für den sogenannten Hallux valgus. Dies ist eine Schiefstellung der Großzehe im Grundgelenk nach außen hin. Bei gesunden Füßen laufen die Zehen zentral über das Gelenk. Beim Hallux valgus verlaufen sie weiter innen und ziehen die Zehen in eine schiefe Position.

Die Hauptursache liegt in der Brandsohlengrundform der meisten Schuhe, die nicht dem Umriss der natürlichen Fußsohle entspricht. Anders gesagt: die meisten Schuhe sind schlicht zu spitz, zu kurz oder haben eine zu hohe Fersenstellung.

Nun ist das kein Problem wenn Sie Pumps und High Heels lediglich zu besonderen Anlässen, abends oder zum

Tanzen tragen. Für den Alltag sind flachere Schuhe jedoch besser geeignet, auch wenn die Eleganz ein wenig darunter leidet.

Wenn Sie aus Gründen der Eleganz oder auch aus beruflichen Gründen High Heels tragen wollen oder müssen ist es ratsam verschiedene Modelle in Ihrem Schuhregal zu haben, die Sie abwechselnd tragen können. Auch unterschiedliche Absatzgrößen helfen. Wenn Sie Ihre Füße etwas entlasten wollen wählen Sie einen Schuh mit einer geringeren Absatzhöhe. Ihre Füße werden es Ihnen danken.

6. Setzen Sie auf Klassiker

Klassiker passen so gut wie zu allem. Sie können diese in zeitlosen Farben wie Schwarz, Weiß, Nude oder auch Dunkelbraun mit fast allen anderen Farben kombinieren. Schwarze oder nudefarbene Pumps sehen in fünf Jahren meist noch genauso gut aus wie heute. Hier sollten Sie also nicht mit den Euros geizen. Geben Sie lieber etwas mehr aus. Wenn Sie unbedingt eine Luxusmarke haben wollen und keine Tamaris, können diese auch oft im Sale günstig erstanden werden.

Aber auch flache Schuhe wie Ballerinas können Sie jederzeit zu Jeans oder Shorts tragen. Die flachen Treter sind nicht nur bequem, sie sind auch zeitlos und passen fast zu jedem Outfit. Sie können sie in Weiß, Schwarz und in sämtlichen Brauntönen kaufen. Sie werden in Ihrer Garderobe immer etwas finden zu denen sie herausragend passen.

Auch die Sneakers dürfen heute nicht fehlen. Was früher lediglich sportlichen Frauen vorbehalten war steht heute in fast jedem Schuhregal und das zu Recht. Die meisten Schnürmodelle in den klassischen Farben Schwarz, Weiß oder auch Cremefarben lassen sich ausgezeichnet als Stilbruch zu Jeans, aber auch zu Röcken und Shorts tragen. Die Modelle mit eleganter Schnürung können Sie sogar zu festlicher Kleidung tragen.

Stiefel gehören als Grundausstattung in jedem Schuhregal. Sie sorgen in der kalten Jahreszeit nicht nur für warme und trockene Füße. In Reiterboots oder Schaftstiefeln sehen Sie außerdem super gestylt aus. Zwar treten halbhohe Stiefeletten und Ankle Boots immer mehr an ihre Stelle, dennoch werden sie den klassischen Damenstiefel nie aus dem Schuhregal vertreiben. Lassen Sie sich farblich von den aktuellen Trends inspirieren.

Wenn Sie einen Rock oder Kleid tragen, haben sie mit einem schönen Paar Stiefeln immer einen stilsicheren Auftritt. Sie sollten darauf achten, dass zwischen Rocksaum und oberem Ende des Schafts eine gute handbreit Platz bleibt. Schauen Sie auch, dass die Farbe des Stiefels mit ihrem Outfit harmoniert. Finden Sie auch noch den passenden Mantel für die kalten Tage, dann ist Ihr Auftritt für die Wintersaison perfekt.

Hoffentlich kommt der nächste Sommer bald und Sie können wieder Ihre geliebten Sandalen tragen. Auch hier brauchen Sie nicht alljährlich den neuesten Trends hinterher zu laufen. Die klassischen Riemchensandalen tun es immer.

Wichtig dabei ist, dass Sie auch bei Sandalen auf Qualität setzen und auf das Material achten. Die Farbe sollte natürlich nicht der letzte Schrei sein. Setzen Sie eher auf die neutralen Farben wie Schwarz, Weiß oder die Braun. Egal ob Ihre Sandalen mit Riemchen oder mit Steg sind, Sie können sie jederzeit zum Minirock oder Shorts tragen.

Und ja, wenn Sie im Sommer wirklich sehr elegant wirken wollen, sollten Sie den Kauf von Sandalen mit Absatz erwägen. Diese können Sie sowohl zum Minirock als auch zum Hosenanzug oder zum kleinen Schwarzen tragen. Die Aufmerksamkeit der Herren wird Ihnen gewiss sein!

7. High Heels, der ultimative Kick!

Was bisher zu den „normalen" Schuhen gesagt wurde gilt in einem noch höheren Maße für den richtigen Kauf von High Heels. Ein Paar High Heels gehört sicher in Ihre Schatzkammer aber es sollten auch die richtigen sein, die Sie mit Freude und einem Schuss Leidenschaft tragen.

Wenn Sie bei deren Anblick das Gesicht verziehen, weil Sie sich an Ihren letzten gequälten Auftritt in ihnen erinnern, dann ist die Zeit für ein neues Paar gekommen. Und diesmal sollten es die richtigen sein, die sie unwiderstehlich machen und in denen Sie sich super wohl fühlen.

Sie sollten besonders darauf achten, dass die Passform stimmt. Versuchen Sie sämtliche Druckstellen zu vermeiden. Denn die High Heels sollten ihre ureigene Aufgabe nicht verfehlen: sie sollen Ihre Beine optisch verlängern und Ihnen zu einem absolut sexy Auftritt verhelfen.

Auch hier steht Qualität ganz oben. Achten Sie also auf das Material. Die guten High Heels sind aus Leder. Schauen Sie, dass Sie keine Schuhe aus synthetischen Materialien oder gar Plastik kaufen, auch wenn diese viel günstiger sind. Die meisten dieser Modelle sind sehr unbequem und sehen nach kürzester Zeit abgetragen aus. Auch hier gilt der Spruch meiner Mutter: „Man muss es sich leisten können, billige Ware zu kaufen!"

Die gute Qualität ist auch deshalb so wichtig, weil Ihre High Heels unter Umständen sogar zu orthopädischen Schäden führen können, vor allem wenn Sie sie oft tragen. Es ist von daher ratsam, die Modelle regelmäßig zu wechseln oder hin und wieder flache Schuhe zu tragen. Geschickt kombiniert können sie in ihren Sneakers genauso gut aussehen wie in High Heels.

Laufen Sie im Schuhgeschäft ruhig einige Runden bevor Sie ans Kaufen denken. Gibt es Treppen im Geschäft umso besser. Oft fühlen sich High Heels beim ersten Tragen super bequem an, aber nach einer Stunde ist das Tragegefühl manchmal ganz anders.

Bedenken Sie auch, dass die Schuhgrößen bei verschiedenen Marken unterschiedlich sein können. Verlassen Sie sich also nicht zu sehr auf Ihre bekannte Größe. Eine 38 ist nicht immer eine 38.

Fühlen Sie nach, ob es ein stützendes Fußbett gibt, das Ihnen Stabilität beim Gehen verschafft. Auch Einlagen aus Leder können hilfreich sein. Keine Sorge, diese sind meistens sehr dünn und können auch in High Heels getragen werden.

Wenn Sie mehr Komfort beim Tragen ihrer High Heels haben wollen sind Gel-

Einlagen oder Gel-Pads für Ballen oder Fersen hilfreich. Sie können in fast alle Schuhe eingelegt werden und sind eine sinnvolle Investition.

Außerdem können Silikonstreifen an Druckstellen angebracht werden. Am besten haben Sie diese immer in ihrer Handtasche bereit, so müssen Sie die Party nicht plötzlich verlassen, weil Sie Ihre High Heels vor lauter Schmerz nicht mehr tragen können.

Viele Frauen haben das Problem, dass sie bei Ihren Pumps hinten mit dem Fuß herausrutschen. Der Grund ist meistens, dass die Ferse nicht perfekt in die Form des Schuhs hineinpasst. Hier können Anti-Rutschpolster Abhilfe schaffen. Sie werden sehen, dass sie dank dieser kleinen Wunderdinger einen besseren Halt bekommen. Sollten Sie trotz Polster hinten immer noch herausrutschen, ist der Schuh einfach zu groß.

Ein kleines aber nicht unwichtiges Detail ist der Gummi unter dem Absatz. Gerade bei den Pfennigabsätzen löst sich nach einiger Zeit dieser Gummi gerne ab. Dies wird bei High Heels geringerer Qualität schneller geschehen.

Dieser kleine Gummi hat natürlich die Funktion Ihren Auftritt rutschsicher zu machen. Manche High Heels haben diesen Gummi allerdings nicht, weswegen man die Dame schon aus einem Kilometer Entfernung kommen hört. Unnötig zu erwähnen, dass das Gehen in diesen Schuhen viel schwieriger und außerdem schlicht weg gefährlich ist.

Schauen Sie beim Einkauf auch genau hin, ob der Absatz lediglich drauf geklebt oder gesteckt ist. Wenn er nur drauf geklebt ist, schauen Sie genau dass kein Raum zwischen den Ecken und dem Absatz besteht, denn dieser kann dafür sorgen, dass sich der Absatz nach einiger Zeit löst. Schließlich wollen sie nicht irgendwann im Pflaster steckenbleiben.

8. Tipps für den online Einkauf

Das Internet revolutioniert sämtliche Bereiche des Lebens, so auch den Schuhkauf. Im Internet können Sie ganz bequem vom heimischen Sofa aus Schuhe detailliert anschauen und Preise vergleichen. Der Entscheidungsdruck, den man beim Einkaufen im Schuhgeschäft durchaus empfinden kann, fällt hier eindeutig weg. Dies ist ein nicht geringer Vorteil.

Sie können sich die Schuhe, welche Ihnen gefallen einfach bookmarken und dann später nochmal anschauen. Dies führt oft zu besseren Entscheidungen und reduziert die Fehlkäufe.

Da die meisten Onlineshops kostenlosen Versand und auch kostenlose Rücksendungen anbieten, kann beim

Schuhkauf eigentlich fast nichts mehr schiefgehen.

So viele Schuhgeschäfte wie im Internet können Sie bei Ihrem Stadtbummel gar nicht abklappern. Wenn auch das Einkaufserlebnis selber wegfällt ist der Online-Einkauf gerade auch für preisbewusste Markeneinkäuferinnen ein Geschenk des Himmels.

Gerade wenn Sie etwas Extravagantes oder Ausgefallenes suchen, bietet der Online-Vergleich zwischen den verschiedenen Shops dank der Suchmaschinen schon sehr große Vorteile.

Sie können sich beim Anprobieren zu Hause außerdem ruhig Zeit lassen, denn meistens bekommen Sie ein 14-tägiges Rückgaberecht. Sie können die neuen

Schuhe also bequem zu Hause vor dem Spiegel mit allen denkbaren Kleidungsstücken aus Ihrer Garderobe kombinieren.

Dies gilt insbesondere für Frauen mit unüblichen Größen. Auch Frauen mit großen Füßen, die in den meisten Schuhgeschäften irgendwann in der Herrenabteilung landen, kommen jetzt auf ihre Kosten. Und Frauen mit kleinen Füßen werden hier nicht in die Kinderabteilung geschickt.

Bei aller Begeisterung sollte man aber auch die Nachteile des Online Einkaufs klar benennen. Nach Branchenschätzungen werden bis zu 70% (!) aller Schuhe und Kleidungsstücke ungenutzt zurückgeschickt. Rücksendungen können Ihren Stress-Pegel schnell wieder erhöhen. Der bequeme Online-Einkauf wird so schnell zu einem Frust.

Damit dies möglichst nicht geschieht sollten Sie die Tipps in diesem Einkaufsführer berücksichtigen. Schauen Sie sich also in aller Ruhe die Produktseite im Internet an und lesen Sie auch die Details. Die meisten Online-Schuhshops bieten ausführliche Beschreibungen an. Dabei geht es nicht nur um die Schuhgröße. Auch die Absatzhöhe der Schuhe sollten Sie beachten. Wenn Sie Stiefel kaufen, schauen Sie ob die Schaftweite ihrer Größe entspricht.

Wer die Fehlerquote von vornherein verringern möchte kann die gewünschten Schuhe natürlich auch gleich in mehreren Größen bestellen. Nachteil ist dabei, dass Sie auf jeden

Fall die Schuhe, die nicht passen, zurückschicken müssen.

Eine gute Idee ist es, vergleichbare Modelle anderer Marken mitzubestellen. Sie wissen ja, eine 39 ist nicht immer eine 39 und wenn Marke A nicht passt, könnte es aber gut sein, dass Sie bei Marke B oder C einen Treffer landen.

Bei Ihren Bestell-Aktionen sind eventuelle Retourkosten zu berücksichtigen. Bei Zalando und Mirapodo sind der Rückversand frei. Dies ist aber nicht immer der Fall. Lesen Sie also vorab die Bestell-Bedingungen des Anbieters genau durch. Retourkosten für Schuhe zu zahlen, die Sie gar nicht haben wollen, ist sicher eine der schlechtesten Arten sein Geld auszugeben.

Es kann darüber hinaus sinnvoll sein, die Kunden-Rezensionen des Produktes anzuschauen. Diese bieten manchmal sehr detaillierte Hinweise zu dem Modell. Wenn Sie bei Amazon bestellen werden Sie häufig die Meinung der Kunden zu dem Modell nachlesen können.

Vielleicht entspricht die Qualität des Schuhs nicht der Beschreibung. Oder vielleicht haben mehrere Kundinnen die normalerweise 39 tragen feststellen müssen, dass der Schuh zu klein geraten ist. Dann sollten Sie es vielleicht mit Größe 40 versuchen und gleich eine Einlage mitbestellen.

Bei Amazon und Zalando können Sie per Bankeinzug, Kreditkarte und auch auf Rechnung zahlen. Achten Sie darauf dass, wenn Sie bei Amazon auf

Rechnung bestellen, eine Gebühr von 1,50 Euro (für österreichische Kunden 1,51 Euro) zahlen müssen.

Auch bei Deichmann sind Versand und Rückversand kostenlos. Dieser Anbieter hat auch den Vorteil, dass Sie die Schuhe einfach in der nächstgelegenen Filiale zurückgeben oder umtauschen können.

Ich wünsche Ihnen viel Erfolg und Freude beim Schuhkauf!

Ihre Claudia

Über die Autorin

Claudia ist das Pseudonym einer Mode-Journalistin belgischer Herkunft. Als Tochter eines Banker-Ehepaares hat sie viele Jahre in Paris gelebt und wurde dort vertraut mit der französischen Haute Couture. Sie ist mit einem Deutschen verheiratet und lebt in der Nähe von München.

Impressum

www.ingramcontent.com/pod-product-compliance
Lightning Source LLC
Chambersburg PA
CBHW071241280526
45788CB00004B/1539